Bibliografische Information der Deutschen Nationalbibliothek:

Die Deutsche Bibliothek verzeichnet diese Publikation in der Deutschen National-
bibliografie; detaillierte bibliografische Daten sind im Internet über http://dnb.d-
nb.de/ abrufbar.

Impressum:

Copyright © 2010 GRIN Verlag, Open Publishing GmbH
Druck und Bindung: Books on Demand GmbH, Norderstedt Germany
ISBN: 9783640628674

Dieses Buch bei GRIN:

http://www.grin.com/de/e-book/151364/flugsicherheit-in-europa-nach-dem-vulkan-
ausbruch-auf-island-unter-beruecksichtigung

Ludwig Späte

Flugsicherheit in Europa nach dem Vulkanausbruch auf Island unter Berücksichtigung der Luftraumüberwachung in Deutschland

GRIN Verlag

GRIN - Your knowledge has value

Der GRIN Verlag publiziert seit 1998 wissenschaftliche Arbeiten von Studenten, Hochschullehrern und anderen Akademikern als eBook und gedrucktes Buch. Die Verlagswebsite www.grin.com ist die ideale Plattform zur Veröffentlichung von Hausarbeiten, Abschlussarbeiten, wissenschaftlichen Aufsätzen, Dissertationen und Fachbüchern.

Besuchen Sie uns im Internet:

http://www.grin.com/

http://www.facebook.com/grincom

http://www.twitter.com/grin_com

Flugsicherheit in Europa nach dem Vulkanausbruch auf Island
unter Berücksichtigung der Luftverkehrsüberwachung in
Deutschland

Jena im April 2010

Verfasser: Ludwig Späte

1

Gliederung:

I. Einleitung

Die Aschewolke – ein Naturphänomen der besonderen und auch seltenen Art ereignete sich in der Nacht zum 21. März 2010. Der isländische Vulkan am Eyjafjalla-Gletscher bricht aus. Bis zum 14. April 2010 verstärken sich die geologischen Aktivitäten des Vulkans immer weiter. Die Lavaasche reicht von Island bis nach Norwegen und legt den dortigen Flugverkehr lahm. Es handelt sich bei diesem Ereignis um das erste Phänomen dieser Art in der europäischen Luftfahrgeschichte.[1]

Die nordeuropäischen Länder Großbritannien, Irland, Frankreich, Belgien, Dänemark, Schweden, Finnland und Norwegen sperren ihre Flughäfen vollständig ab. Unter diesen Flughäfen ist auch der bekannte Flughafen London-Heathrow, der größte Passagier-Flughaften Europas. Zahlreiche europäische Fluggesellschaften sagen am 15. April rund 25 % der täglich ca. 28.000 europaweit verkehrenden Flugverbindungen ab. Am folgenden Tag sind es bereits 60 % aller Flugverbindungen in Europa. Die Folge dieser Flugverbote ist, dass tausende Touristen und Pendler auf den europäischen Flughäfen festsitzen.[2]

In den Medien überschlagen sich nun täglich die Meldungen über die Dauer der Flugverbote und eine teilweise Freigabe des Luftraums über Europa. Die nationalen Luftfahrtbehörden geben den Luftraum entweder ganz oder nur teilweise frei. Währenddessen in Italien der Flugverkehr freigegeben wurde, ist in Dänemark, Norwegen und Großbritannien der Luftraum für den zivilen Flugverkehr weiterhin komplett gesperrt.

In Deutschland ist der Flugverkehr bis zum 20.04.2010 um 20.00 Uhr nur mit Ausnahmegenehmigung möglich, sofern auf Sicht geflogen werden kann. Bundesverkehrsminister Peter Ramsauer (CSU) wird jedoch von Seiten der Koalition kritisiert, da er nicht die wirtschaftlichen Folgen für die Fluggesellschaften berücksichtigen würde. Dieser Kritik entgegnet Ramsauer, dass für ihn die Sicherheit der Fluggäste oberste Priorität habe und der Staat den Bürger nicht fahrlässig einer Gefahrensituation aussetzen kann.[3]

Davon unbeeindruckt warf der internationale Branchenverband IATA der EU vor, sie müsse einen „europäischen Schlamassel" verantworten. Tatsächlich dauerte es vier Tage, bis sich die Verkehrsminister zu einer Konferenz zusammenschalteten und auf ein koordiniertes Vorgehen verständigten.[4]

---

[1] In: Der Stern, Aschewolke legt deutsche Flughäfen lahm, Artikel vom 15.04.2010.
[2] In: Die Zeit, Chronologie: Die Aschewolke und die Folgen, Hamburg, Artikel vom 21.04.2010.
[3] In: Die Welt, Vulkan-Asche: Koalition kritisiert Ramsauer wegen Flugverbot, Artikel vom 21.04.2010.
[4] In: Focus, Europäischer Luftraum: Eurocontrol und das EU-Chaos, Artikel vom 22.04.2010.

Die Zuständigkeiten für den europäischen Luftraum liegen nicht bei der Europäischen Union und genau dieser Fakt wird nun von Politikern öffentlich angegriffen. Es wird eine weitergehende Europäisierung des Luftraums gefordert, sodass zukünftig solche Naturkatastrophen von einer europaweit agierenden Behörde bearbeitet werden können.

Matthias Ruete, Generaldirektor für Verkehr in der EU-Kommission, ist überzeugt und fordert eine Umsetzung des einheitlichen Luftraums um.[5] Jedoch sieht der geforderte einheitliche Luftraum (Single European Sky) eine gemeinsame Entscheidungsinstanz vor. Doch die EU-Staaten müssen sich noch über vieles einigen, nämlich über die Rolle, die Kompetenzen, den Status und den Sitz einer europäischen Zentralbehörde. Der EU-Verkehrskommissar Siim Kallas betonte nochmals, dass die EU weiter an dieser Problematik arbeite. Alle Verkehrsminister vertreten die Ansicht, dass sich die Nationalstaaten auf europäischer Ebene besser koordinieren können und darin auch die Zukunft liegt. Im EU-Parlament wurde schon vor einem Jahr der Fahrplan zum Umsetzung des einheitlichen Luftraums beschlossen.[6]

Die Politik steht aufgrund dieser aktuellen Problematik unter Handlungsdruck, um zukünftig auf derartige Naturphänomene besser reagieren zu können.

II. Die nationale Lufthoheit

Die nationale Lufthoheit folgt aus der staatlichen Souveränität und beschreibt das grundsätzliche Recht eines Staates, die Benutzung seines Luftraumes eigenständig zu regeln. In Artikel 1 des Abkommens von Chicago über die internationale Zivilluftfahrt von 1944[7] erkennen die Vertragsstaaten an, dass jeder Staat über seinem Hoheitsgebiet volle und ausschließliche Hoheit über den Luftraum besitzt. Im Rahmen dieser Hoheit über den Luftraum und vorbehaltlich der geltenden internationalen Übereinkünfte nehmen die Mitgliedstaaten der Gemeinschaft mit der Flugverkehrskontrolle hoheitliche Befugnisse wahr.[8]

In Deutschland ist dies durch das Luftverkehrsgesetz (LuftVG) geregelt. Die Vorschrift setzt den Grundsatz der Lufthoheit über dem eigenen Staatsgebiet, und zwar über dem Landgebiet und den angrenzenden Hoheitsgewässern, als allgemein anerkannte Regel des Völkerrechts voraus. Das 11. LuftVG-Änderungsgesetz vom 28.08.1998 hat den weltweit üblichen nationalen Luftrechtskodifikationen folgend in § 1c die Lufthoheit Deutschlands für sein Hoheitsge-

---

[5] a.a.O., Seite 2.
[6] Cornelia Primosch, Interview mit Siim Kallas, in: Österreichischer Rundfunk (ORF), Morgenjournal, Beitrag vom 21.04.2010.
[7] BGBl. 1956, Band II, Seite 411.
[8] Verordnung 551/2004/EG vom 10.04.2004.

biet festgeschrieben.[9] Die horizontale Ausdehnung reicht bis zu den Grenzen des Nachbarstaates. In vertikaler Richtung begrenzt der Weltraum die Lufthoheit des Staates. Nach Völkergewohnheitsrecht ist der Weltraum frei von staatlicher Hoheitsgewalt. Der mit dem 11. Änderungsgesetz vom 25.08.1998 in § 1 Abs. 1 aufgenommene Hinweis auf das im Inland geltende internationale, namentlich europäische Recht, reflektiert die Situation wieder, dass im Luftrecht mehr und mehr europäische Verordnungen und Richtlinien nationales Recht überlagert und außer Kraft setzt.[10]

III. Die gemeinsame Verkehrspolitik innerhalb der EU

Der Luftraum ist eine gemeinsame Ressource für alle Kategorien von Nutzern, die von allen flexibel genutzt werden muss, wobei Fairness und Transparenz gewährleistet sein müssen und den sicherheits- und verteidigungspolitischen Erfordernissen der Mitgliedstaaten und ihren Verpflichtungen in internationalen Organisationen Rechnung zu tragen ist.

Ein effizientes Luftraummanagement ist wesentliche Voraussetzung für eine Steigerung der Kapazität des Systems der Flugverkehrsdienste, für die optimale Befriedigung unterschiedlicher Nutzeranforderungen und für die Gewährleistung einer möglichst flexiblen Luftraumnutzung.

Die Gemeinsame Verkehrspolitik (GVP) gehört zum Urgestein der EG. Bereits der EWG-Vertrag von 1957 widmete ihr einen eigenen Titel (Art. 74 - 84 EWGV) und schuf damit eines der ersten sektoriellen Politikfelder der Gemeinschaft. Die Gründungsmitgliedstaaten sahen in einem gemeinsamen, freien und leistungsfähigen Verkehrsmarkt eine zentrale Voraussetzung für den Erfolg der wirtschaftlichen Integration der Mitgliedstaaten. Erst effiziente Verkehrsdienstleistungen ermöglichen eine grenzüberschreitende Arbeitsteilung, die Wohlstandsgewinne erzeugt und so die nötigen Mittel zur Finanzierung eines stärkeren wirtschaftlichen und regionalen Zusammenhalts in der Union bereitstellt. Der Verkehrssektor in der EG erwirtschaftet 7 % des BIP und gibt 7,5 % aller Beschäftigten Arbeit.

Der Begriff Verkehr im Sinne der Artikel 70 - 80 EGV meint nicht die vier Verkehrsfreiheiten der Art. 23 ff. EGV, sondern die internationale Beförderung von Gütern und Personen mit beweglichen Verkehrsmitteln vom Ausgangs- zum Bestimmungsort. Jedes Verkehrsmittel ist

---

[9] Deutscher Bundestag, Drucksache 13/9513, Seite 26.
[10] Lampe, Joachim, in: Erbs/Kohlhaas, Strafrechtliche Nebengesetze, Band 3, LuftVG, 176. Auflage, München 2009.

einem Verkehrsträger zugeteilt. Flugzeuge kommen in drei Kategorien vor: reine Passagier- und Frachtmaschinen sowie Kombiflugzeuge, die Reisende und Güter befördern.[11] Ein reibungsloser Personenverkehr und ein funktionierendes Transportwesen sind wesentliche Bestandteile eines immer enger vernetzten Europas. Effizienter und sicherer Verkehr, der zugleich umweltschonend und sozial verträglich ist, ist das Ziel des seit 1995 laufenden Aktionsplans der Kommission. Der ehemalige EU-Kommissar für Verkehr, der Brite Neil Kinnock, veröffentlichte die neuen Schwerpunkte zur Förderung einer „nachhaltigen Mobilität" in der Union.[12] Wesentliche Ziele sind der weitere Ausbau der transeuropäischen Verkehrsnetze, höhere Sicherheitsstandards, Förderung der verkehrsbezogenen Forschung und intensivere Beziehungen zu Drittstaaten. Insbesondere mit den mittel- und osteuropäischen Staaten soll die Zusammenarbeit in den Bereichen zivile Luftfahrt, Schwertransport, Busdienste und Wasserwege enger werden. Die Kommission plant die Veröffentlichung eines Weißbuchs zur Revision der Richtlinien für die transeuropäischen Verkehrsnetze.[13]

IV. Die Open-Sky-Politik der EU

Single European Sky (SES) beschreibt die Anstrengungen der Europäischen Kommission seit Ende der 1990er Jahre, den europäischen Luftraum unter dem Gesichtspunkt der Optimierung der Verkehrsströme neu zu strukturieren und dabei dessen Zersplitterung durch nationale Landesgrenzen und Interessen aufzulösen, indem eine begrenzte Anzahl von funktionellen Luftraumblöcken (engl. Functional Airspace Blocks – kurz: FABs) geschaffen wird.

Im März 2004 ist bereits eine Reihe von Vorschlägen verabschiedet worden, die neben einer Rahmenverordnung zur Schaffung des einheitlichen europäischen Luftraums drei weitere Verordnungen beinhaltet: Die Verordnung über die Erbringen von Flugsicherungsdiensten, die Verordnung und Nutzung des Luftraumes und die Verordnung über die Interoperabilität des Flugverkehrsmanagementnetzes, wobei nur auf die ersten beiden Verordnungen näher eingegangen wird.

---

[11] Mickel/Bergmann, Handlexikon der Europäischen Union, Gemeinsame Verkehrspolitik, 3. Auflage, 2005.
[12] Kommission der Europäischen Gemeinschaft, Nachhaltige Mobilität: Perspektiven für die Zukunft, KOM 1998, 716 endg. vom 01.12.1998; EU-Kommission gibt der Europäischen Woche für nachhaltige Mobilität einen cleveren Anstoß, IP/04/1103 vom 15. September 2004.
[13] EU-Kommission, Weißbuch – Die europäische Verkehrspolitik bis 2010: Weichenstellung für die Zukunft, 2001.

1. Die Verordnung über die Erbringung von Flugsicherungsdiensten

In der Verordnung über die Erbringung von Flugsicherungsdiensten[14] werden gemeinsame Regeln für die Ausführung dieser Dienste festgehalten. Um die Qualität der Dienste zu sichern, wird ein einheitliches Zertifizierungssystem geschaffen. Diese Zeugnisse mit Rechten und Pflichten werden durch eine nationale Aufsichtsbehörde ausgegeben und regelmäßig kontrolliert. Flugsicherungsorganisationen dürfen mit geprüften Dienstleistungsunternehmen zusammenarbeiten, haben dies aber der nationalen Aufsichtsbehörde mitzuteilen. Betrifft die Zusammenarbeit einen Wetterdienst, sind die Mitgliedstaaten in Kenntnis zu setzen. Betrifft es Flugverkehrsdienste wie Fluginformationsdienste, Flugalarmdienste, Flugverkehrsberatungsdienste, Flugverkehrskontrolldienste, Bezirks-, Anflug- oder Flugplatzkontrolldienste, müssen die staatlichen Behörden um Genehmigung gebeten werden.

Für die Erbringung von Flugverkehrsdiensten haben die Mitgliedstaaten zu sorgen und der EU-Kommission ihre Entscheidungen mitzuteilen. Wählt ein Staat einen nicht zertifizierten Flugsicherungsdienst, sollen ebenfalls die Kommission und die Mitgliedstaaten unterrichtet werden. Den nationalen Aufsichtsbehörden wird zudem die Aufgabe zugewiesen, die Sicherheit und Effizienz der Flugsicherungsorganisationen zu überwachen und Inspektionen durchzuführen. Sie sind dazu angehalten, länderübergreifend zusammenzuarbeiten. Die nationalen Aufsichtsbehörden können außerdem anerkannte Organisationen bestimmen und mit Inspektionsaufgaben beauftragen, wenn die Organisation die im Anhang der Verordnung niedergeschriebenen Anforderungen erfüllt.

2. Die Ordnung und Nutzung des Luftraums

Die Verordnung über die Ordnung und Nutzung des Luftraums[15] hat zum Ziel, einen stärker integriert betriebenen Luftraum zu schaffen und durch die Festlegung gemeinsamer Verfahren in Sachen Gestaltung, Planung und Verwaltung die Sicherheit und Effizienz des Flugverkehrsmanagements zu sichern. Ein Anliegen dieser Verordnung ist die Schaffung eines einzigen europäischen Fluginformationsgebietes für den oberen Luftraum (EUIR), der weitere europäische Staaten beinhalten und durch die ICAO anerkannt werden soll. Durch gemeinsame

---

[14] Verordnung Nr. 550/2004/EG vom 10.03.2004.
[15] Verordnung Nr. 551/2004/EG vom 10.03.2004.

Festlegungen können grenzübergreifende Kontrollbereiche neu festgelegt werden. Der obere Luftraum soll in funktionelle Luftraumblöcke umgestaltet werden.

Zur Schaffung funktioneller Luftraumblöcke standen zwei Ansätze zur Diskussion. Obwohl das Europäische Parlament einen Top-Down-Ansatz vorschlug, bei dem die Entwicklung hin zum „Single European Sky" zentral von der Europäischen Gemeinschaft koordiniert werden sollte, einigte es sich mit dem Europäischen Rat auf das Bottom-up-Verfahren. Dabei sind die Mitgliedstaaten der EU laut Artikel 5 der Luftraum-Verordnung dafür verantwortlich, funktionelle Luftraumblöcke einzurichten. Die Aufgabe der Ordnung des Luftraums wird nach dieser Verordnung zurück an die Mitgliedsstaaten verwiesen.

V. Die Luftverkehrsüberwachung

1. Die internationale Luftverkehrsüberwachung

Grundlage des internationalen Luftverkehrs sind die sogenannten „Freiheiten der Luft", die von der ICAO (International Civil Aviation Organization) ausgearbeitet worden sind. Die ICAO (deutsch: Internationale Zivilluftfahrtorganisation) wurde durch das Chicagoer Abkommen über die internationale Zivilluftfahrt vom 7. Dezember 1944 gegründet und hat ihren Hauptsitz in Montréal (Kanada). Mit Stand vom 01.01.2009 gehören ihr 190 Vertragsstaaten an. Auf Grund einer Vereinbarung vom 3. Oktober 1947 hat die ICAO den Status einer Sonderorganisation der Vereinten Nationen.[16]

Die wichtigsten Aufgaben sind die Erarbeitung und Festlegung von verbindlichen Standards für die Luftfahrt, die von den Mitgliedsländern umgesetzt werden müssen, die Regelung der internationalen Verkehrsrechte, der bereits angesprochenen „Freiheiten der Luft", die Entwicklung von Infrastrukturen und Erarbeitung von Empfehlungen und Richtlinien. Das für Europa zuständige ICAO-Regionalbüro befindet sich in Neuilly-sur-Seine bei Paris. Deutschland wird durch eine ständige Delegation des Bundesministeriums für Verkehr, Bau und Stadtentwicklung (BMVBS) vertreten.

Im Verkehr zwischen den Staaten müssen wegen der international allgemein anerkannten Lufthoheit der Mitgliedsstaaten diesen auch die Verkehrsrechte ausdrücklich eingeräumt werden, was weltweit in etwa 4.000 bilateralen Luftverkehrsabkommen geschieht.

---

[16] Schlochauer (Hrsg.), Wörterbuch des Völkerrechts, 2. Auflage, Band 2, 1962, Seite 94.

2. Die europäische Luftverkehrsüberwachung

Die EU hat sogenannte „Guidelines" (Leitlinien) als Rechtsgrundlage. Danach halten sich weltweit alle Länder (und auch die EU) an die Erkenntnisse der neun „Volcanic Ash Advisory Centers" (VAAC). Das für Europa zuständige Center befindet sich in der Nähe des Flughafens London-Heathrow. Dort werden aus den vorliegenden meteorologischen und geologischen Messergebnissen Computermodelle erstellt, die dann an die nationalen Flugsicherungsbehörden weitergereicht werden. Ein Flugverbot bzw. die Sperrung des Luftraumes liegt dann einzig und allein in der Zuständigkeit der nationalen Behörden.

Die „European Organisation for the Safety of Air Navigation" (Eurocontrol) ist eine Organisation zur zentralen Koordination der Luftverkehrskontrolle in Europa. Der Hauptsitz der Einrichtung für europäische Flugsicherung liegt in Brüssel. 2200 Mitarbeiter aus 36 unterschiedlichen Ländern arbeiten an insgesamt sieben europäischen Eurocontrol-Standorten. Eurocontrol kann keine Flugverbote vorschreiben, die Organisation sammelt und veröffentlicht aber Daten der nationalen Behörden aus den 38 Mitgliedsländern sowie Wetterdaten, die über die Verbreitung der Aschewolke Auskunft geben. Als europäische Organisation für Flugsicherheit gibt sie in diesem Fall lediglich die Informationen über Flugverbote weiter.[17] Grundlegend ist diese Organisation somit als eine europäische Schalt- und Koordinierungszentrale anzusehen, die die nationalstaatlichen Entscheidungen sammelt und weiterleitet.

3. Die nationale Luftverkehrsüberwachung am Beispiel von Deutschland

Innerhalb Deutschlands ist der Luftverkehr bzw. die Benutzung des Luftraumes durch Luftfahrzeuge frei, soweit er nicht durch Gesetze oder andere nationale, europäische oder internationale Vorschriften ausdrücklich beschränkt ist (Vgl. § 1 Abs. LuftVG). Freilich bestehen Einschränkungen in vielfältiger Hinsicht, vor allem auch infolge intensiver Einflüsse des europäischen Rechts. Die gewerbsmäßige Beförderung von Personen und/oder Sachen in Luftfahrzeugen fällt in Deutschland unter europäisches Recht, zum Beispiel die Verordnung EWG Nr. 2407/92, ist aber auch weiterhin durch verschiedene deutsche Vorschriften wie das LuftVG, die LuftVZO und die DVLuftBO geregelt. Diese nationalen, aber auch europäischen Vorschriften werden in Deutschland von den nationalen Luftsicherheitsbehörden umgesetzt.

---

[17] In: Focus, Luftraum: DFS spricht Flugverbote aus, Artikel vom 22.04.2010.

a) Die neue Behörde - das Bundesamt für Flugsicherung

In Deutschland ist das Bundesaufsichtsamt für Flugsicherung (BAF) mit Sitz in Langen ab September 2009 als unabhängige Instanz für die staatliche Aufsicht über die zivile Flugsicherung nach § 1 Abs. 1 BAFG zuständig. Das BAF stellt sicher, dass alle in Deutschland tätigen Flugsicherungsunternehmen die für sie geltenden Bedingungen und hohen Sicherheitsanforderungen erfüllen. Es beaufsichtigt die grenzüberschreitenden Flugsicherungsdienste und arbeitet dabei eng mit den nationalen Aufsichtsbehörden der Nachbarstaaten zusammen. Durch die konsequente Trennung der Aufsicht vom Betrieb der Flugsicherung, beziehungsweise von den Flugsicherungsdiensten, wird die Deutsche Flugsicherung GmbH (DFS) von bisherigen Aufsichtsaufgaben entlastet. So wird das BAF künftig Qualität und Zuverlässigkeit von Funknavigationsanlagen für den Streckenflug sowie für den An- und Abflug am Flughafen überprüfen. Auch das wichtige Frequenzmanagement für Navigation, Kommunikation und Überwachung wird Aufgabe des BAF sein. Hinzu kommt die förmliche Festlegung von Flugrouten, welche die DFS erstellt. Diese Aufgabe lag bisher beim Luftfahrtbundesamt (LBA) in Braunschweig.[18]

b) Die Deutsche Flugsicherung (DFS)

Die DFS ging aus der ehemaligen Bundesanstalt für Flugsicherung (BFS) hervor. Die BFS wurde 1953 gegründet und zum 1. Januar 1993 in eine privatrechtliche Organisationsform (GmbH) überführt, die als ein Erfolg bewertet wird, denn die Verspätungen im Luftverkehr, die in der zweiten Hälfte der 80er Jahre die Bundesregierung und das Parlament veranlasst hatten, die Organisationsprivatisierung der Flugsicherung zu betreiben, sind seit der Gründung der DFS drastisch zurückgegangen.

Die Gesellschaft ist entsprechend Art. 87d GG der bundeseigenen Verwaltung zuzuordnen, die in der Form einer GmbH privatrechtlich organisiert ist. Sie befindet sich nach § 31b Abs. 1 S. 1 LuftVG vollständig im Eigentum der Bundesrepublik Deutschland, die durch das Bundesministerium für Verkehr, Bau und Stadtentwicklung (BMVBS) vertreten wird. Das Bundesverkehrsministerium hat die DFS nach § 31b Abs. 1 S. 2 LuftVG mit der Wahrnehmung hoheitlicher Aufgaben zur Flugsicherung beliehen.[19] Diese Aufgaben, die einen Sonderpoli-

---

[18] Bundesministeriums für Verkehr und Bau, Bundesaufsichtsamt für Flugsicherung gegründet, in: Presseerklärung Nr.: 300/2009 vom 18.09.2009.
[19] In: Focus, Luftraum: DFS spricht Flugverbote aus, Artikel vom 22.04.2010.

zeicharakter haben und in § 27c LuftVG definiert sind, umfassen insbesondere die Aufgaben der Flugverkehrskontrolle des Luftverkehrs in Deutschland, der Planung und Erprobung von Verfahren und Einrichtungen für die Flugsicherung und der Erstellung von gutachtlichen Stellungnahmen gemäß § 31 Abs. 3 LuftVG.

Insgesamt arbeiten 5.600 Mitarbeiter für die DFS, die für einen sicheren und pünktlichen Flugverlauf sorgen. Die Mitarbeiter koordinieren täglich bis zu 10.000 Flugbewegungen im deutschen Luftraum, womit Deutschland das verkehrsreichste Land in Europa ist und deswegen auch mehrere Kontrollzentralen in Langen, Bremen, Karlsruhe und München betreibt. Zudem ist die DFS in der „Eurocontrol-Außenstelle" in Maastricht vertreten und in den Kontrolltürmen der 16 internationalen Flughäfen.

c) Die Verhängung von Flugsperrgebieten in Deutschland

Schon im bereits angesprochenen Chicagoer Abkommen werden Luftsperrgebiete erwähnt. Dort ist in Art. 9 explizit geregelt, dass jeder Vertragsstaat aus Gründen der öffentlichen Sicherheit das Überfliegen seines gesamten Hoheitsgebietes zeitweilig beschränken und verbieten kann. Die Bedingung hierfür ist, dass kein Unterschied in der Staatszugehörigkeit der Luftfahrzeuge gemacht wird.

In Deutschland können bestimmte Lufträume nach § 26 Abs. 1 LuftVG vorübergehend oder dauernd für den Luftverkehr gesperrt werden (Luftsperrgebiete). Wer als Führer eines Luftfahrzeugs den Anordnungen über Luftsperrgebiete und Gebiete mit Flugbeschränkungen zuwiderhandelt, wird nach § 62 Abs. 1 LuftVG mit Freiheitsstrafe bis zu zwei Jahren oder mit Geldstrafe bestraft. Flugsperrgebiete oder Gebiete mit Flugbeschränkung nach § 11 LuftVO werden durch Allgemeinverfügungen der Behörde oder Flugsicherheitsorganisation festgesetzt. Gesonderte Rechtsverordnungen sind dazu nicht erforderlich. Da Luftsperrgebiete jedoch nicht durch Verkehrsschilder kenntlich gemacht werden können, ist die Bekanntmachung durch Veröffentlichung der Verfügung erforderlich.[20]

Dem entsprechend ist stichhaltig und ermessensfehlerfrei begründet, dass im April 2010 die Flugsperrgebiete in Deutschland aus Gründen der öffentlichen Sicherheit verhängt worden sind, was Bundesverkehrsminister Ramsauer nochmals öffentlich vor dem Bundestag bestätigt hat.[21] Dies leitet sich für das Bundesverkehrsministerium eindeutig aus § 29 Abs. 1 LuftVG, wonach die Luftfahrtbehörden (Ministerium) und die Flugsicherungsorganisationen

[20] OLG Celle: Urteil vom 23.03.1972 - 1 Ss 170/71; NJW 1972, 1767.
[21] Kain, Florian, Ramsauer für neue Sicherheitsstandards, in: Hamburger Abendblatt, Artikel vom 22.04.2010.

(DFS) betriebsbedingte Gefahren für die öffentliche Sicherheit und Ordnung abwehren müssen.

4. Der Aufbau einer europäischen Flugsicherheitsbehörde

Die Gemeinschaft und ihre Mitgliedstaaten haben sich in erster Linie von dem Ziel leiten lassen, ein mit der amerikanischen FAA vergleichbares Organ zu schaffen, dessen Hauptaufgabe darin besteht, durch eine schrittweise Integration der einzelstaatlichen Systeme ein hohes und einheitliches Sicherheitsniveau in Europa zu gewährleisten. Dies dürfte ferner dazu beitragen, den freien Verkehr luftfahrttechnischer Erzeugnisse sowie von Personen und Dienstleistungen zu gewährleisten und die automatische Anerkennung von Bescheinigungen und Genehmigungen zu ermöglichen, die von einer dafür zuständigen nationalen oder zentralen Verwaltungen ausgestellt wurden.[22]

Die derzeitige Zusammenarbeit zwischen der Gemeinschaft und den Behörden der meisten europäischen Staaten innerhalb der Arbeitsgemeinschaft der europäischen Luftfahrtverwaltungen (JAA) hat aufgrund mangelnder echter Befugnisse insbesondere im Legislativbereich ihre Grenzen erreicht. Aus diesem Grund hat die Kommission die Schaffung einer Europäischen Agentur für die Flugsicherheit (EASA) vorgeschlagen, die ein unverzichtbares Instrument in Bezug auf alle Aspekte des Luftverkehrs, von der Zertifizierung bis zu den Betriebsvorschriften, wäre. Die Luftverkehrssicherheit macht jedoch nicht an den Grenzen der Gemeinschaft halt. Naturkatastrophen lassen sich nicht territorial eingrenzen.[23] Die europäische Behörde sollte nicht als „Mammut-Behörde" fungieren, die im Ernstfall lediglich Akten verwaltet, sondern als effiziente und aktive Behörde auftreten, die auf eine Naturkatastrophe innerhalb kürzester Zeit reagieren europaweit reagieren kann.

VI. Die Subsidiarität im Europarecht

In Artikel 5 Abs. 2 EGV ist das Subsidiaritätsprinzip als Kompetenzregel ausgestaltet. Voraussetzung seiner Anwendbarkeit ist es, dass die Gemeinschaft nicht in einem Bereich tätig wird, der ihrer ausschließlichen Zuständigkeit untersteht. Soweit sich eine ausschließliche Kompetenz der Gemeinschaft auf Rechtsakte der Gemeinschaftsorgane gründet, sind diese nicht imstande, das erfasste Sachgebiet der Kompetenzregel des Artikel 5 Abs. 2 EGV zu

---

[22] EU-Kommission, Arbeitsdokument KOM (2000)144 vom 21.03.2000, Seite 2.
[23] EU-Kommission, Weißbuch, a.a.O, Seite 48.

entziehen. Seit dem Vertrag von Amsterdam präzisiert ein Protokoll über die Anwendung der Grundsätze der Subsidiarität und der Verhältnismäßigkeit das Subsidiaritätsprinzip.[24] Dieses ist gemäß Artikel 311 EGV Bestandteil des Gemeinschaftsrechts. Aus dem Protokoll geht hervor, dass das Subsidiaritätsprinzip die Befugnisse der Gemeinschaft nicht in Frage stellen soll. Die volle Wahrung des gemeinschaftlichen Besitzstands muss erhalten bleiben. Nach wie vor stattet sich die Union mit den Mitteln aus, die zum Erreichen ihrer Ziele und zur Durchführung ihrer Politiken erforderlich sind (Vgl. Artikel 3 Abs. 1, 6 Abs. 4 EU-Vertrag). Der Vorrang des Gemeinschaftsrechts bleibt erhalten. Das Subsidiaritätsprinzip darf nicht dazu führen, dass die durch den Vertrag verliehenen Rechte einzelner eingeschränkt werden.

Die Subsidiaritätsregel greift nur ein, wenn der Gemeinschaft eine Kompetenz zusteht. Die Gemeinschaft kann ihre Kompetenz nur wahrnehmen, sofern und soweit die Ziele der in Betracht gezogenen Maßnahmen auf Ebene der Mitgliedstaaten nicht ausreichend erreicht werden können. Die Möglichkeit der Verwirklichung von Gemeinschaftszielen auf mitgliedsstaatlicher Ebene ist somit maßgeblich.[25]

Von besonderer Bedeutung ist aber das Urteil des EuGH in der Rechtssache British American Tobacco[26], in dem er erstmals seine Prüfung über die Kompetenzgrundlage und das Verhältnismäßigkeitsprinzip hinaus allgemein auf die Vorgaben des Art. 5 Abs. 2 EGV erweitert hat.[27] Nachdem der Gerichtshof festgestellt hat, dass Art. 95 EGV keine ausschließliche Zuständigkeit der Gemeinschaft darstellt, prüft er, ob das Ziel der Richtlinie durch ein Handeln der Gemeinschaft „besser" erreicht werden kann.

Eine europaweit agierende Luftsicherheitsbehörde kann demnach erst errichtet werden, wenn die einzelnen Mitgliedsstaaten nicht in der Lage sind ein Flugverbot rechtzeitig, bzw. im Hinblick auf die öffentliche Sicherheit, verhältnismäßig zu verhängen. Es ist als strittig anzusehen, ob eine europaweit agierende Luftsicherheitsbehörde im Falle einer derart auftretenden Naturkatastrophe effizienter und effektiver agieren kann als die nationalen Behörden.

VI. Fazit

Die Aufteilung des europäischen Luftraums in Luftraumblöcke ist der erste Schritt zu einem gemeinsamen Entscheidungsgremium der Europäischen Union. Strittig bleiben jedoch die

---

[24] ABl. 1997, Nr. C 340, Seite 105; Kenntner in: NJW 1998, Seite 2871 (2875); Stein in: Hummer, 1998, Seite 146 ff.
[25] Zuleegin, Manfred, in: von der Groeben/Schwarze, Kommentar zum EU/EG-Vertrag, 6. Auflage 2003, Rn. 25 (28).
[26] EuGH, Rs. C-491/01, 2002, I-11, 453.
[27] Calliess, EuGRZ, 2003, Seite 181 (186).

genaueren Rahmenbedingungen, um dieser europäischen Behörde ausreichende Kompetenzen zukommen zu lassen. Der Luftraum über der Europäischen Union umfasst aktuell ein geografisches Territorium von km². Im Falle einer Naturkatastrohe kann die Behörde nur im Rahmen einer Ermessensentscheidung aufgrund von aktuellen Fakten und Umständen über Flugverbote und das Verhängen von Luftsperrgebieten entscheiden. Die Aschewolke störte den Flugverkehr in Nordeuropa, jedoch nicht in Südeuropa. Flüge von bspw. Italien nach Griechenland sind von der Aschewolke über Nordeuropa nicht betroffen gewesen, wonach die italienischen Luftsicherheitsbehörden kein Flugverbot ausgesprochen haben. Demnach wäre es nicht nachvollziehbar gewesen, wenn eine europäische Zentralbehörde den gesamten europäischen Luftraum gesperrt hätte, obwohl in Südeuropa für die Sicherheit der Fluggäste keine Gefahr bestanden hat. Der wirtschaftliche Schaden für die Fluggesellschaften und die Passagiere wäre hierbei um ein Vielfaches höher gewesen.

Die Sicherheit der Bevölkerung ist bei der Verhängung eines Luftsperrgebiets als oberste Priorität anzusehen. Ist die Gefahr für den ordnungsgemäßen und überprüften Luftverkehr zu groß, so kann seitens der Behörde der Luftraum als ultima ratio nur noch gesperrt werden. Die Entscheidung der DFS die Start- und Landeanflüge nur freizugeben, sofern die Piloten ausreichend „auf Sicht" fliegen können, ist somit als verhältnismäßig anzusehen.

Die Kompetenzen auf eine europäische Behörde zu verlagern, würde demnach nur möglich sein, wenn jeder Mitgliedsstaat über einen eigenen Luftraumblock verfügt, der dann von einer EU-Behörde gesperrt werden kann. Jedes Naturphänomen, welches den Flugverkehr beeinträchtigt, bleibt jedoch eine Einzelfallentscheidung mit Ermessen der Behörden.

Literaturverzeichnis:

Lampe, Joachim, in: Erbs/Kohlhaas, Strafrechtliche Nebengesetze, Band 3, LuftVG, 176. Auflage, München 2009.

Mickel/Bergmann, Handlexikon der Europäischen Union, Gemeinsame Verkehrspolitik, 3. Auflage, 2005.

Schlochauer, Hans-Jürgen/Strupp, Karl (Hrsg.), Wörterbuch des Völkerrechts, 2. Auflage, Band 2, Berlin 1962.

Zuleegin, Manfred, in: von der Groeben/Schwarze, Kommentar zum EU/EG-Vertrag, 6. Auflage 2003.